AF290083

CONCILIER VIE PRIVÉE ET PROFESSIONNELLE

Les bases d'un équilibre indispensable à long terme

Par Renée Francis

50MINUTES.fr

CONCILIER VIE PRIVÉE ET PROFESSIONNELLE

- **Problématique ?** Comment faire en sorte que sa vie professionnelle n'empiète pas trop sur sa vie personnelle ? Comment trouver le bon équilibre entre les deux, de manière à être efficace dans son travail et serein à la maison ?
- **Utilité ?** À partir du moment où vous entrez dans le monde du travail, si en plus vous avez un conjoint, des enfants, une vie sociale active, vous êtes confronté à la difficulté d'associer harmonieusement vie au bureau et vie intime. Il est donc utile de s'arrêter un moment sur ce qui fait un quotidien épanoui.
- **FAQ ?**
  - Ai-je réellement intérêt à mettre une séparation claire en le pro et le perso ?
  - Comment faire lorsqu'on est indépendant/ entrepreneur ?
  - Quels sont les pièges à éviter pour atteindre un bon équilibre de vie ?

- Comment démarrer sa journée sans pression ?
- Comment limiter les interruptions, sources de temps perdu ?
- Comment terminer sa journée avec un sentiment de satisfaction ?

Le problème de l'équilibre entre carrière et vie personnelle concerne tous les actifs, hommes ou femmes ; employés, PDG, stagiaires ou indépendants ; jeunes ou vieux ; célibataires, en couple ou divorcés ; parents ou non. Il n'est pas toujours évident d'assumer simultanément les différents rôles que nous sommes amenés à jouer. En effet, en fermant la porte du bureau, laissez-vous vraiment vos dossiers derrière vous jusqu'au lendemain ? Vous rendez-vous entièrement disponible pour vos proches ?

S'il est normal de vous sentir débordé de temps en temps, notamment en raison du rythme accéléré de la société actuelle, il est cependant primordial de trouver un équilibre stable, qui corresponde à vos aspirations en termes de qualité de vie. La vie passe vite ; attention à ne pas passer à côté !

Pour cela, pas de secret : il s'agit de se recentrer sur soi et sur ce que l'on désire réellement, de définir ses priorités professionnelles et familiales, et de s'organiser pour leur laisser la place qui leur revient. Nous ne parlons pas ici de consentir à de gros sacrifices, mais d'accepter de faire des choix et de procéder à de petits aménagements. Pas de secret donc, mais pour maintenir un certain équilibre dans le quotidien, maîtriser le stress et optimiser son temps, quelques astuces peuvent être utiles.

Quel est le mode d'emploi pour concilier vie professionnelle et vie personnelle sans léser personne, soi-même en premier ? Comment garder vivant le feu sacré ? C'est ce à quoi ce livre se propose de répondre.

B.A.-BA DE L'ÉQUILIBRE ENTRE PROFESSIONNEL ET PRIVÉ

SE CONNAÎTRE

Impossible de trouver le bon équilibre si l'on ne sait pas ce qui risque de nous faire basculer dans le vide. La première chose à faire consiste donc à s'arrêter un moment sur ce qui nous pousse à agir dans la vie, sur nos valeurs, notre moteur principal, nos limites.

Hiérarchiser ses valeurs

La pub, les magazines, l'info en permanence, Internet, l'embarras du choix induit par la société de consommation, la pression sociale, professionnelle et familiale, etc. Voici le tableau qui nous entoure. Difficile dans ce contexte de prendre conscience de ce qu'on veut réellement ! Or c'est là que réside l'essentiel : déterminer ce dont on a besoin pour être heureux.

Savez-vous quelles sont les valeurs qui vous poussent à agir ? Afin de mettre tout cela au clair, prenez un crayon et entourez simplement un chiffre entre 1 et 6 (du plus important au moins important) dans chaque ligne du tableau ci-dessous – attention, chaque chiffre ne peut être entouré qu'une seule fois. Oubliez toutes les contraintes, ne pensez qu'à ce qui compte vraiment pour vous, afin d'établir la hiérarchisation de ces éléments dans votre carte mentale.

D'autres valeurs peuvent s'ajouter à celles qui sont énumérées ici, comme la participation à un sport d'équipe, l'engagement dans un projet humanitaire ou une association, la découverte d'autres cultures, etc. Soyez également conscient que le classement que vous allez obtenir ici est loin d'être immuable. Nos valeurs évoluent avec notre parcours ; des ajustements seront donc nécessaires au fil du temps afin de retrouver sans cesse notre équilibre.

Valeur	Importance dans votre système de valeurs					
Famille	1	2	3	4	5	6
Travail	1	2	3	4	5	6
Amis	1	2	3	4	5	6
Hobbys	1	2	3	4	5	6
Argent	1	2	3	4	5	6
Couple	1	2	3	4	5	6

Refaites à présent le même exercice pour indiquer en quelle position se situent ces valeurs dans votre quotidien actuel. Quelle valeur prend le plus de place ?

Valeur	Position hiérarchique actuelle					
Famille	1	2	3	4	5	6
Travail	1	2	3	4	5	6
Amis	1	2	3	4	5	6
Hobbys	1	2	3	4	5	6
Argent	1	2	3	4	5	6
Couple	1	2	3	4	5	6

À présent, comparez chaque point du premier et du deuxième tableau. Le premier correspond aux valeurs sur lesquelles vous devez mettre la priorité pour vous sentir bien. Le second correspond à la place qu'occupent actuellement au quotidien ces différents pans de votre existence. S'il y a des divergences importantes entre les deux, vous êtes en situation de déséquilibre, et vous devez mobiliser beaucoup plus d'énergie pour continuer à avancer. Il vous faut alors mettre en place une stratégie afin de réduire l'écart au maximum, sous peine de sombrer.

Pour ce faire, le point de départ est d'identifier ce qui vous anime réellement, votre véritable motivation, le sens que vous voulez donner à votre vie. Ce sens général se dégage déjà en filigrane des réponses que vous avez apportées quant à vos priorités.

Trouver sa source principale d'énergie

« Que veux-tu faire quand tu seras grand ? » Voilà la question qu'on nous a tous posée lorsqu'on était enfant, et celle qu'on se surprend à poser aux jeunes générations, comme si le métier futur était le seul élément susceptible de faire de nous des êtres heureux et épanouis.

Avec le recul, pensez-vous avoir suivi le parcours que vous aviez imaginé ? Posez-vous cette question, sans vous limiter au côté professionnel. Intégrez les valeurs reprises dans les tableaux ci-dessus pour faire un petit bilan rapide de votre parcours. Avez-vous fait des choix en harmonie avec vos envies et vos capacités ? Si c'est le cas, sans doute n'êtes-vous pas très loin de découvrir quel est votre moteur, l'élément fondamental qui vous donne l'énergie d'avancer dans la bonne direction et qui vous rend heureux. Il suffit de trouver le point commun entre vos différents choix de vie. Est-ce le partage ? L'engagement ? L'amour ? Le besoin de comprendre ? L'envie de créer ?

Si vous êtes encore à la recherche du moteur de votre vie, gardez à l'esprit que ce que vous faites au quotidien ne vous définit pas nécessairement ! Peut-être êtes-vous en décalage par rapport aux valeurs qui vous portent, et par conséquent, sans doute avez-vous la vue obscurcie quant à votre moteur. C'est à vous de placer le curseur là où résident les valeurs que vous avez placées en haut la liste ; ces priorités que vous posez participent de votre source d'énergie. C'est donc à partir de celles-ci que vous allez pouvoir dégager l'idéal vers lequel tendre pour trouver le bonheur.

Trouver le sens de votre vie vous apportera l'aplomb dont vous avez besoin pour vous sentir plus en phase avec vous-même. Une fois votre moteur identifié, vous pourrez aménager votre vie de façon à ne pas le reléguer au deuxième rang. Vous serez à même de donner une direction à tout ce que vous faites, car contrairement aux valeurs dont l'importance varie constamment, votre source fondamentale d'énergie ne devrait pas changer.

Être conscient de ses limites

Chaque individu est doté d'un caractère, d'une personnalité et d'un tempérament. Ceux-ci peuvent être conditionnés par l'environnement dans lequel ils évoluent. La pression professionnelle peut parfois amener certains d'entre nous à aller au-delà de nos limites physiques, psychiques ou morales.

Afin de vivre une vie en harmonie avec ses valeurs et ses capacités, il est absolument primordial d'identifier clairement les limites qui nous sont propres. Nous parlons bien sûr ici de limites positives, « aidantes », celles qui nous permettent de nous respecter ; non pas des limites négatives, celles qui nous empêchent d'avancer dans la direction que l'on s'est fixée, comme la peur du jugement des autres, la timidité, la croyance qu'on n'a pas besoin de l'aide d'autrui, etc.

En ce sens, avoir des limites n'est aucunement péjoratif. Les reconnaître, c'est accepter qu'on n'est pas parfait, et c'est parfait ainsi ! Imaginez un monde sans limites : le chaos aurait vite fait de prendre le dessus. Nous serions dans l'excès permanent et n'aurions pas l'occasion de mettre en exergue la complémentarité des individus. Comme pour les enfants, les limites définissent une certaine structure. C'est en identifiant ses propres limites qu'on peut comprendre sa structure interne. La compréhension de son fonctionnement personnel permet d'identifier ses points forts et ses lacunes. C'est l'occasion d'optimiser ses atouts et de formuler de vive voix ce qui ne cadre pas dans son champ d'action et/ou de réflexion.

Il se peut également qu'on soit amené à déplacer ses limites. Il faut parfois faire preuve de flexibilité, qu'on le veuille ou non. Cela implique de faire des compromis et des concessions. Malgré tout, tentez de trouver un juste milieu pour ne pas complètement déroger aux limites que vous avez identifiées.

Dans l'équilibre entre vie professionnelle et vie personnelle, il faut jauger trois choses. Répondez aux trois questions ci-dessous, sans réfléchir plus de quelques secondes. Les réponses doivent venir spontanément, et c'est la première réponse qui compte.

- Est-ce que je passe trop de temps au travail ?
- Est-ce que j'ai suffisamment de temps pour moi et pour mes proches ?
- Est-ce que je pense souvent à mon travail pendant mon temps libre ?

NE SOYEZ PAS AVEUGLE !

Il se peut que vous ne considériez pas passer trop de temps au travail alors même que vous êtes au bureau dix heures par jour. Certains choisissent volontairement de se barricader dans le travail pour se protéger d'éventuelles déceptions ou pour ne pas s'impliquer émotionnellement sur le plan personnel. Si vous êtes dans une telle situation, prenez conscience que la vie en dehors du travail est la seule qui vous restera lorsque vous serez au repos, en vacances, à la retraite, ou si votre entreprise décide de se passer de vos services. Ne vous importe-t-il pas qu'elle soit riche en émotions, en relations et en challenges ?

Si vous avez du mal à identifier vos limites, soyez attentifs aux moments où vous rechignez à faire quelque chose. Est-ce par paresse, par manque de motivation, par manque d'intérêt, etc. ? Ou est-ce parce que cela vous demande de franchir une des limites que vous avez identifiées ? Bien souvent, ce sentiment de malaise tenace qui vous taraude, c'est en réalité une limite qui cherche à se manifester à vous.

RESPECTER SES BESOINS, CHEZ SOI COMME AU TRAVAIL

Marquer ses limites

Voilà qui est plus facile à dire qu'à faire ! Il s'agit pourtant d'une des clés de la réussite, tant dans le monde du travail que dans sa vie personnelle. Pourquoi éprouvons-nous parfois tant de difficultés à marquer des limites ? Il y a deux acteurs dans ce processus : celui qui les pose et celui/ceux à qui on les pose (soi-même ou les autres).

Si vous éprouvez du mal à marquer vos limites, est-ce parce que vous n'êtes pas suffisamment confiant pour les exprimer ? Craignez-vous la façon dont elles seront accueillies ? Le résultat, en tout cas, est que vous ne vous exprimez pas. Ou plus précisément : vous ne véhiculez pas bien le message que vous voulez faire passer. La question à se poser lorsqu'on a du mal à verbaliser ses limites est la suivante : quelles pourraient en être les conséquences ? Cela générerait-il un conflit, un malaise, une forme de redevabilité ou une vexation ? Ou serait-ce plutôt de nature à vous montrer sous un jour plus assertif que vous pensez peut-être ne pas maîtriser ?

Tentez de pondérer votre réponse, en visant celle qui colle à la réalité, sans extrapoler ni dramatiser. La seule conséquence dont vous pouvez être absolument certain, c'est d'être le principal impacté si vous ne vous émancipez pas. Poser une limite n'a pas vocation à faire arrêter le monde de tourner, mais à faire en sorte que votre propre univers tourne rond !

Réussir à marquer ses limites passe par le fait d'aiguiser son sens de la communication. Tout dépend de la façon dont vous présenterez les contours de ce qui est tolérable pour vous. N'ayez pas peur de la franchise. Marquer une limite, c'est aussi s'affranchir de ses propres contraintes. Assumez votre droit au respect et ne placez pas cette responsabilité chez un tiers. Soyez capable de dire non sans agresser l'autre et sans chercher une justification extérieure.

Maintenant, tout est question de choix et de circonstances. En effet, pour son propre bien-être et celui des autres, il vaut mieux parfois faire un compromis peu énergivore plutôt que d'entrer dans des débats stériles et interminables dans le seul but de rester en accord avec ses principes. Demandez-vous si cette bataille vaut la peine d'être menée et apprenez à vous préserver pour les choses qui en valent la peine. Attention cependant : ne laissez pas passer trop de petites choses par souci d'éviter les conflits. Vous créeriez à nouveau un déséquilibre.

<u>SOYEZ VIGILANT !</u>

Dépasser ses limites à l'avantage d'un tiers ne doit pas être considéré comme la norme par la suite. Si on vous propose tous les jours un café au lit, vous vous y habituerez vite et demanderez où est votre café s'il n'arrive pas. De la même manière, ne vous étonnez pas si, alors que vous faites systématiquement des heures supplémentaires, votre patron ou vos collègues s'interrogent le jour où vous partez à l'heure, vous donnant le sentiment illégitime de ne pas donner assez. C'est vous qui les avez habitués à faire des heures supplémentaires !

Relativiser l'importance du travail

Le monde professionnel s'est tant complexifié ces dernières décennies qu'il en est devenu par moments impersonnel. Les bureaux faits d'acier et de verre reflétant la couleur du ciel n'ont pas d'âme. Le patron incarne l'autorité à laquelle il est parfois difficile de dire non en temps voulu pour se retrouver.

Pour trouver un bon équilibre entre vie professionnelle et vie privée, il faut relativiser. Les collègues, le patron, etc., tous se lèvent le matin pour aller au travail, alors que beaucoup ont sans doute des projets personnels sur lesquels ils préféreraient se concentrer. Souhaiter une qualité de vie et un équilibre personnel n'affecte en rien l'ambition et/ou la motivation qu'on peut avoir pour son métier, et il ne faut surtout pas en avoir honte. Ce n'est pas parce qu'on aime ce qu'on fait qu'on a envie de le faire tout le temps ou d'avoir ses pensées monopolisées par son job ! Les meilleurs sportifs ont besoin de recul pour se préparer mentalement à leurs meilleures performances. Il ne faut en aucun cas négliger la fatigue mentale qu'on accumule lorsqu'on est actif. C'est la faculté de relativiser qui conditionne la façon dont on aborde la vie avec ses joies et ses soucis.

Que faites-vous lorsque vous manquez de recul, lorsque vous êtes pris dans un engrenage qui semble plus fort que votre volonté ? Beaucoup s'adressent à leurs proches pour discuter de ce qui ne va pas, et ce afin d'avoir un avis extérieur, moins impliqué, sur une question ou un problème, mais souvent aussi pour être rassuré. En effet, le monde du travail dans une conjoncture difficile est source d'angoisses même chez ceux qui ont l'air très sûrs d'eux. Intérieurement, même le plus grand patron fait face aux doutes et au stress. Il est plus facile de relativiser lorsqu'on sait ne pas être seul dans son cas.

Test : comment visualisez-vous votre journée, votre semaine, votre année ?

Chaque individu fractionne le temps de manière différente. Dans un même foyer, chaque membre de la famille aura sa propre vision temporelle en fonction de son âge et de ses responsabilités. Quelle est la vôtre ?

Lorsqu'on ne parvient pas à relativiser, la notion de court-terme est généralement très présente. Probablement voyez-vous votre année morcelée en périodes de travail, aérée de quelques périodes de vacances ici et là. D'une semaine de congé à l'autre, vous avez le sentiment de faire des « apnées », de retenir votre souffle en attendant que le temps passe, sans profiter du reste de l'année. On pourrait comparer cela au fait de regarder un film en accéléré pour arriver directement aux moments amusants sans s'intéresser au reste de l'histoire, qui forme pourtant une suite d'événements constitutifs non négligeable.

Pour mieux profiter de chaque moment, essayez de ré-agencer mentalement votre temps. Vous pouvez par exemple décider d'instaurer une coupure, un temps d'arrêt dans votre semaine, afin de vous ménager un petit bol d'air. Si vous voyez la semaine en un bloc de cinq jours se terminant par deux jours de weekend, essayez de couper la semaine en deux, par exemple en prévoyant, le mercredi, une activité qui vous fait vraiment plaisir. Cette interruption vous redonnera de l'énergie et vous aidera à surmonter les petits soucis du bureau afin qu'ils ne déteignent pas sur votre vie personnelle ; parce qu'à ce moment-là, vous êtes aux abonnés absents pour le travail !

Se déculpabiliser

Qui dit déséquilibre, dit malaise. En effet, en cas de déséquilibre, le sentiment de perdre le contrôle arrive très vite. On ne se sent pas à la hauteur professionnellement ou dans le privé, voire les deux, ce qui engendre un sentiment de culpabilité et de nullité. Très vite, on commence à se comparer aux autres et à ne voir chez soi que ce qui ne vas pas ou ce qu'on ne fait pas bien. Mais à l'ère des réseaux sociaux et des téléréalités, qui nous donnent l'illusion d'être témoin de vies plus palpitantes et plus enrichissantes que la nôtre, il faut garder à l'esprit que ce qu'on nous montre ne correspond pas toujours à la réalité. Parfois, les personnes les plus entourées sont celles qui se sentent les plus seules, et vous pouvez être certain(e) que même ceux qui semblent tout réussir avec aisance doivent se battre pour maintenir leur équilibre de vie.

Revenez à l'essentiel et cessez de vous comparer aux autres. Vous pourrez alors entrer dans une dynamique d'échange, et vous aurez l'occasion d'apprendre et d'interagir avec les gens autour de vous. En revanche, si vous êtes dans la convoitise, la comparaison permanente ou la jalousie, vous ne ferez qu'alimenter vos illusions sur la vie des autres, sans aller à leur rencontre. Or ce n'est pas leur existence ce qui doit vous préoccuper ; c'est la vôtre que vous devez vivre, pleinement de préférence.

Vous n'êtes pas parfait(e) ? Tant mieux. La perfection est d'un ennui mortel. Maintenant que vous connaissez vos limites, vous pouvez entreprendre les démarches pour les compenser et faire en sorte de tisser des complémentarités avec des tiers (collègues, membres de votre famille, amis), tout en maintenant votre indépendance, afin de pallier vos éventuels manquements. Les autres peuvent vous faciliter la vie.

L'égoïsme positif

De manière générale, l'égoïsme a mauvaise presse. Réputé pour être un trait de caractère excessif, voire abusif, allant parfois jusqu'au mépris ou au déni de l'autre, l'égoïsme s'est vu attribuer, au fil des définitions, une connotation extrêmement négative. La tendance sociétale allant déjà dans le sens de l'individualisme, il est important de revenir aux notions de partage et de solidarité.

L'égoïsme positif peut trouver sa place dans ce cadre-là. Comment le définir ? Il s'agit de la faculté de ne pas s'effacer devant la volonté d'autrui, de ne pas contrarier sa nature et ses ambitions, sans pour autant marcher sur des têtes ou négliger son entourage. Les rêves et les profondes aspirations personnelles sont alors remis au centre de l'existence. Grâce à une approche « égoïstement positive » de sa vie, on peut sans doute retrouver le plaisir de mieux en profiter, et rétablir un équilibre entre vie professionnelle et vie privée. En d'autres termes, l'égoïsme positif en pratique, c'est tout simplement se respecter et se faire respecter en respectant les autres.

Cette démarche passe par l'assertivité, une méthode de communication non violente consistant à exprimer ses propres besoins, sans pour autant nier ceux des autres, dans l'écoute et le dialogue sincère.

TOP CONSEILS

- Organisez-vous de manière réaliste : jetez par-dessus bord les bonnes résolutions que vous ne pouvez pas tenir. Les objectifs inatteignables contribuent à un sentiment d'échec parce qu'ils sont trop ambitieux. Substituez-les par des petites astuces au quotidien qui ne demandent pas un effort particulier, mais qui facilitent un peu la vie de tous les jours.
- Évitez la fatigue en adoptant une hygiène de vie et un rythme mieux adapté à vos besoins. Optez pour des activités en adéquation avec votre état d'énergie. Essayez dans la mesure du possible de les planifier à des moments qui impacteront le moins possible votre forme physique. Vous serez moins fatigué le matin, ce qui vous permettra d'entamer la journée plus sereinement.
- Préparez vos affaires la veille. Au lieu de courir dans tous les sens le matin, prévoyez ce dont vous aurez besoin pour quitter la maison l'esprit tranquille. C'est d'autant plus important si vous avez des enfants !

- Éteignez votre portable pendant deux heures chaque soir, surtout si vous êtes en famille ou en compagnie d'amis. Donnez-leur votre pleine attention.
- Sollicitez de l'aide auprès de votre famille ou d'autres personnes proches lorsque vous n'arrivez pas à gérer seul(e) ce que vous avez à faire. Il n'y a pas de mal à demander un coup de main. Et si, du coup, les choses ne sont pas faites à votre manière, qu'importe, du moment qu'elles soient faites !
- Collaborez avec votre entourage pour trouver des solutions. Si vous avez des enfants, par exemple, vous pourriez vous arranger avec d'autres parents pour vous relayer à la sortie de l'école.
- Dans la même idée, faites de votre couple un duo de choc, en vous répartissant les tâches en fonction de ce que chacun préfère faire. Une corvée restera toujours une corvée ; toutefois, si les tâches sont réparties, vous aurez l'impression de garder plus de temps pour vous.
- Boostez votre efficacité au travail pour libérer du temps en famille/pour soi/à la maison. Pour cela, intéressez-vous aux techniques de gestion du temps et des priorités. Faites

votre petit planning de la journée : divisez-la en plusieurs phases avec une limite de temps pour chaque tâche à effectuer. Saucissonner la journée est une méthodologie efficace pour ne pas se laisser dépasser.

- Utilisez les moyens à votre portée pour vous aider dans votre quotidien. Les technologies et applications développées dans ce but sont multiples. Vous pouvez par exemple décider de faire vos courses en ligne et vous les faire livrer, ou introduire des paiements par domiciliation pour écourter le temps passé à la paperasse. Faire l'acquisition d'un Smartphone vous permettra de consulter vos e-mails pendant vos déplacements ; attention toutefois à ne pas en abuser lorsque la journée est terminée. Sachez vous en détacher à temps !
- Achetez un congélateur, surtout si vous avez des enfants. Faites des portions de nourriture plus importantes et congelez-les. Ainsi, vous pouvez planifier une ou plusieurs soirées tranquilles sans avoir à passer du temps en cuisine, ni à devoir faire des courses après vos heures de travail.
- Mettez votre réveil chaque jour deux minutes plus tôt pendant un mois. Levez-vous immé-

diatement. Après un mois, vous aurez gagné une heure sur la journée, sans ressentir de différence majeure : ce temps sera l'occasion de faire quelques tâches à la maison que vous ne devrez plus faire le soir, de vous rendre plus tôt au travail pour rentrer plus tôt, de faire du sport, ou simplement de prendre le temps de petit-déjeuner.

- Soyez prévoyant, mais sans être « absent » de votre « présent ». C'est aujourd'hui que vous construisez votre bonheur.

FAQ

AI-JE RÉELLEMENT INTÉRÊT À METTRE UNE SÉPARATION CLAIRE EN LE PRO ET LE PERSO ?

Oui ! Laissez les problèmes personnels à la maison et les problèmes professionnels au bureau ! De cette manière, vous vous accorderez, dans un cas comme dans un autre, l'occasion de penser à autre chose. Et être occupé à d'autres activités plutôt que de ressasser ses soucis constitue une source d'inspiration ou une soupape pour aborder ceux-ci différemment après les avoir laissés décanter. Cela booste la réflexion et favorise l'émergence de solutions créatives. Mettre une séparation claire entre le pro et le perso vous aidera donc à rester concentré au travail et serein à la maison.

COMMENT FAIRE LORSQU'ON EST INDÉPENDANT/ENTREPRENEUR ?

La pression qui repose sur les épaules d'un indépendant ou d'un entrepreneur est différente de celle que subit un employé. Un indépendant n'a pas toujours les mêmes horaires, et souvent, son travail déborde sur ses weekends et ses soirées. La frontière entre le professionnel et le privé peut s'avérer moins nette que chez les employés.

Malgré tout, la formule idéale pour concilier vie pro et vie perso réside également dans le fait de s'octroyer des plages horaires pour le travail et d'autres pour le privé, sans accepter d'interférence du premier sur le second. Ainsi, si on a des bureaux/ateliers à son lieu de domicile, il est préférable de les séparer nettement du reste de l'habitation (au moins visuellement, par une porte, un rideau, un paravent, etc.), afin que le professionnel ne soit pas omniprésent, rappelant à l'indépendant en continu tout ce qu'il doit encore faire. Il faut accepter qu'on n'ait jamais terminé et pouvoir lâcher prise pour souffler un peu.

QUELS SONT LES PIÈGES À ÉVITER POUR ATTEINDRE UN BON ÉQUILIBRE DE VIE ?

- Attention aux nouvelles technologies ! De plus en plus de personnes travaillent en dehors de leurs heures de bureau en raison de la présence d'un ordinateur ou d'un téléphone professionnel qu'ils emmènent avec eux : joignables à tout moment, ils se sentent obligés de répondre dans l'immédiat à toute sollicitation extérieure. C'est un piège qui peut être évité en prenant la résolution de se passer de nouvelles technologies dans certaines plages horaires. Votre temps personnel en sera d'autant plus préservé car votre esprit ne sera pas encombré par le travail. Il faut savoir relativisez le terme « urgent » et se montrer indisponible.

- Méfiez-vous également de la télévision ou des ordinateurs portables. Ils ont la particularité de nous maintenir éveillés plus que de raison, débordant ainsi sur les heures de sommeil qu'il ne faut pas négliger !

- Si vous envisagez de travailler à temps partiel, soyez vigilant à ce qu'on ne vous fasse pas faire le travail de cinq jours sur une durée plus courte. Assurez-vous en au préalable auprès de votre responsable.

COMMENT DÉMARRER SA JOURNÉE SANS PRESSION ?

Dès le lever, concentrez-vous sur quelque chose qui vous fait du bien : un temps de méditation pour vous recentrer sur vous-même, une activité physique pour vous requinquer, une tâche ménagère que vous n'aurez plus à faire le soir, un bon petit-déjeuner en compagnie de vos proches, etc. Vous aurez ainsi le sentiment d'avoir eu une journée satisfaisante avant même de la commencer !

Même si vous êtes fatigué, évitez de vous lever à la dernière minute, car cela vous obligera à courir après le temps dès le matin. Conséquence : le soir venu, vous aurez certainement l'impression d'avoir été sous pression la journée entière...

Si, pour une raison ou pour une autre, vous êtes quand même en retard, tâchez de ne pas laisser le stress envahir votre journée. Vous êtes coincé dans un embouteillage en conduisant vos enfants à l'école ? Parfait, voilà qui vous donne l'occasion de profiter davantage de leur présence ! Tentez de transformer ces moments potentiellement stressants en moments qualitatifs et positifs.

COMMENT LIMITER LES INTERRUPTIONS, SOURCES DE TEMPS PERDU ?

Les interruptions, au bureau comme à la maison, peuvent être multiples. Les appels téléphoniques intempestifs, les petites tâches intermédiaires urgentes, les personnes qui viennent vous solliciter alors que vous êtes fort occupé, etc. Tout ceci peut vous faire perdre un temps précieux, que vous pourriez utiliser à quelque chose de plus important.

Il est possible de limiter ces sources de temps perdu en prévoyant des moments de déconnexion, pendant lesquels vous vous concentrez sur une tâche importante sans accepter les coups de téléphone, les questions des collègues, les mails soi-disant urgents, etc. Organisez-vous de sorte à n'être pas dérangé, en mettant le répondeur, en fermant la porte de votre bureau, en vous mettant des écouteurs dans les oreilles, en désactivant les rappels de votre messagerie électronique, etc.

COMMENT TERMINER SA JOURNÉE AVEC UN SENTIMENT DE SATISFACTION ?

On se sent satisfait de sa journée lorsqu'on a réalisé quelque chose. Pour ce faire, planifiez une tâche professionnelle importante par jour, qui doit être terminée à la fin de la journée. Le reste de votre emploi du temps devra s'organiser en fonction de cette tâche prioritaire.

Sur le plan personnel, le principe est un peu le même : on ne peut pas être partout à la fois, et à chaque jour suffit sa peine. N'essayez donc pas de cuisiner une nouvelle recette par jour la semaine où vous prévoyez également de faire le grand nettoyage de printemps : planifiez vos journées raisonnablement et accomplissez les tâches prévues, pas plus. Vous aurez ainsi à la fois le sentiment d'avoir fait ce que vous aviez à faire et un peu de temps pour profiter d'une activité vivifiante (sport, lecture, jeux avec les enfants, etc.).

À VOUS DE JOUER !

MES DÉVOREURS D'ÉNERGIE

Dans le tableau ci-dessous, notez de façon détaillée cinq éléments chronophages et énergivores, au boulot ou à la maison, qui vous empêchent d'avoir un bon équilibre entre vie professionnelle et vie privée. Précisez ensuite la manière dont vous gérez la situation actuellement, qui n'est manifestement pas adéquate. Enfin, en réfléchissant à vos ressources et à vos atouts personnels, explorez les solutions possibles, celles qui vous permettront de retrouver de l'énergie et/ou de gagner du temps.

Élément énergivore	Gestion actuelle de la situation	Solution(s) à tester
Ex : J'ai l'impression de ne pas avoir le temps de faire les choses à mon rythme au boulot, car j'ai beaucoup de pression. Or, aimant le travail bien fait, je me sens insatisfait et démotivé.	Ex : J'ai tendance à élargir mes horaires et à travailler plus. Je passe donc moins de temps à d'autres activités, ce qui me frustre également.	Ex : J'ai la chance d'avoir un collègue extrêmement organisé, peut-être puis-je lui demander des « astuces » pour gagner du temps sur les tâches accessoires, ce qui me laisserait plus de temps pour bien faire le travail.

MES FOURNISSEURS D'ÉNERGIE

Maintenant que vous avez mis le doigt sur quelques-uns des éléments qui vous rendent la vie plus dure, concentrez-vous sur les éléments porteurs d'énergie, ceux qui vous aident à garder le cap, dans le but de leur laisser une bonne place dans votre emploi du temps.

<u>Exemples</u>

Passer du temps en famille – aller chez le coiffeur – prendre un bon bain chaud – faire du sport – aller au cinéma – partir en weekend – surprendre votre conjoint – faire du shopping – aller danser – lire un bouquin – regarder la télévision – visiter une expo – aller à la mer – faire du vélo – faire une excursion – prendre des cours de musique – lire le journal – aller au restaurant – prendre un café – regarder un match de football – aller à la piscine – sortir prendre un verre entre amis – organiser une soirée romantique – tester une nouvelle recette en cuisine – faire une dégustation de vin – etc.

Chaque dimanche, si possible, planifiez votre semaine dans les grandes lignes, en scindant bien vie professionnelle et vie privée. Inscrivez une seule tâche professionnelle importante par jour, et au moins deux de ces éléments revigorants par semaine. Pour le reste, organisez-vous au jour le jour. Veillez à rendre cela possible toutes les semaines, sans exception !

PETIT PLUS

Identifiez les moments revigorants par une couleur spécifique, qui vous plaît. Ils n'en seront que plus visibles dans votre semainier et vous motiveront à avancer !

*Votre avis nous intéresse !
Laissez un commentaire sur le site de votre
librairie en ligne et partagez vos coups de cœur sur
les réseaux sociaux !*

POUR ALLER PLUS LOIN

SOURCES BIBLIOGRAPHIQUES

- GILBERT (Elizabeth), *Mange, prie, aime : la quête spirituelle d'une femme à travers l'Italie, l'Inde et l'Indonésie*, Paris, Calmann-Lévy, 2008, 453 p.

- LELORD (François), *Le voyage d'Hector ou la recherche du bonheur*, Paris, Odile Jacob, 2002, 257 p.

- MCKENNA (Paul), *Change your life in 7 days*, Londres, Bantam Press, 2004, 256 p.

SOURCES COMPLÉMENTAIRES

- *Le bonheur au travail*, film de Martin Meissonnier avec la collaboration d'Isaac Getz, France, 2014. https://www.touscoprod.com/fr/project/produce?id=846

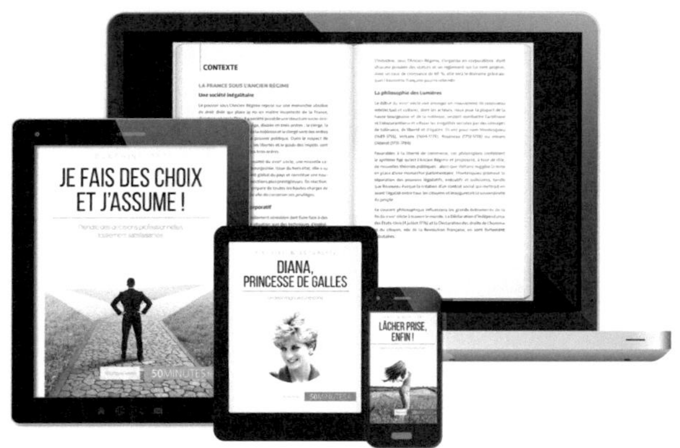

ISBN ebook : 978-2-8062-6400-8
ISBN papier : 978-2-8062-6401-5
Dépôt légal : D/2015/12603/173
Photo de couverture : © olly – fotolia.com

Conception numérique : Primento,
le partenaire numérique des éditeurs